Inhalt

Effizienzcheck im Marketing

Kernthesen

Beitrag

Fallbeispiele

Weiterführende Literatur

Impressum

Effizienzcheck im Marketing

M. Westphal

Kernthesen

- Unternehmen untersuchen sämtliche Kostenblöcke auf Einsparpotenziale; dabei werden auch verstärkt Marketingausgaben einer kritischen Prüfung unterzogen.
- Es geht bei der Analyse der Marketingausgaben nicht vorrangig um ein generelles Cost-Cutting, sondern um die Überprüfung der Effizienz wie aber auch Effektivität der unterschiedlichen Marketingausgaben.
- Marketingausgaben bewirken häufig Veränderungen "weicher" Faktoren wie z. B. Image, etc. und sind damit in ihrer kurzfristigen Wirkung schwer

quantifizierbar.
- Nicht nur die Performance der Marketing-Kommunikation sollte einem Check unterzogen werden, sondern auch andere Komponenten des Marketing-Mix wie die Preispolitik.

Beitrag

Die Untersuchung der Effizienz von Marketing-Maßnahmen ist ein sehr facettenreiches Problem. Einige relevante Punkte machen die wesentliche Problematik besonders deutlich.

Unternehmen nehmen jetzt verstärkt auch ihre Marketing-Ausgaben unter die Lupe

Die anhaltend angespannte Finanzsituation vieler Unternehmen, sowie die mittelfristigen volkswirtschaftlichen Tendenzen führen dazu, dass Unternehmen sämtliche Ausgaben- und Aufwandsblöcke überprüfen. Neben den üblichen Potenzialen, wie Überprüfung z. B. der Prozesseffizienz und der Personalkosten, wenden sich

Unternehmen auch verstärkt hin zu Analysen ihrer Marketing-Effizienz. Dieser Themenbereich bietet vielschichtige Anknüpfungspunkte, gemeinsam ist aber allen, dass es das Ziel ist, Marketing-Ausgaben nicht einfach nur zu kürzen, sondern alle derartigen Ausgaben einer Performance- oder Effizienzmessung zu unterziehen. Das bedeutet, dass Marketingleiter für jeden auszugebenden Euro nachweisen müssen, welche quantitative Wirkung hierdurch erzielt wird.

Während für eine Prozessverbesserung oder auch einen Personalabbau unmittelbar wirksame Kostensenkungen nachweisbar sind (sofern mit den neuen Konstellationen der gleiche Output erzielt werden kann, bzw. eine Kapazitätsanpassung kostenwirksam erreicht wird), liegt das primäre Ziel im Marketing nicht im generellen Abbau von Kosten, sondern im Abbau von Marketingkosten, deren Erfolg nicht die dafür aufgewendeten Kosten mindestens kompensiert.

Das eigentliche Problem ist dabei die Quantifizierung des Erfolges von Marketingmaßnahmen, die zum großen Teil nicht durch einen direkt messbaren monetären Vorteil begleitet werden, der im Idealfall auch noch kurzfristig wirkt.

Nicht reines Cost-Cutting ist im Marketing gefragt, sondern ein echter Effizienz-Check

Die Agenda von Unternehmen wird bestimmt durch Effizienzsteigerung und Optimierung im Marketing. Sie straffen ihre Marketingabteilungen, verlangen von Agenturen und Medien mehr Leistung, kürzen die Budgets und hinterfragen jeden Werbe-Euro im Sinne einer dem Controlling zu unterziehenden Investition auf seinen Nutzen. Die Hauptfrage ist, wie die Wertschöpfung von Marketingabteilungen und Agenturen transparent gemacht werden kann und deren Effekte ganzheitlich abgebildet werden können.

Darüber hinaus ist zu berücksichtigen, dass nicht das Kommunikationsziel mit dem Marketingziel oder dem Erreichen von Umsatzvorgaben gleichgesetzt werden darf. Es gilt, bei der Etablierung entsprechender Effizienzkriterien sorgfältig nach passenden Messpunkten zu suchen, die auch qualitativer Natur sein können und sich damit einer rein quantitativ orientierten Controlling-Analyse entziehen, trotzdem aber den Output-Wert der eingesetzten Gelder abbilden können.

Tendenziell erhöht sich der Wunsch nach Werbe-

Erfolgskontrolle bei werbetreibenden Unternehmen, was zu einem verstärkten Einfluss von Marktforschungs- und Tracking-Ergebnissen in das Agentur-Briefing führt. Ein aufwändiges und teures Procedere, die Kampagneneffizienz zu erhöhen, wäre der Vorab-Test einer Kampagnenidee auf seine Relevanz für Marke und Zielgruppe.

Aktivitäten-Controlling

Die Effizienz von marketingrelevanten Maßnahmen könnte auch durch ein gezieltes Aktivitäten-Controlling deutlich verbessert werden. Häufig wird durch produktbezogene Kampagnen ohne Bedürfnisprüfung ein breiter Kundenkreis angesprochen, anstelle eine gezielte Kundenauswahl zu treffen. Die Reaktionen der Kunden würden ebensowenig nachgehalten; ein aktives und kanalübergreifendes Database-Marketing wird häufig nicht genutzt, welches den Quotienten aus Ertrag und Aufwand von Marketingmaßnahmen deutlich verschieben könnte. (1)

Kommunikationstools

Dieses kann insbesondere für einen möglichen

weiteren Ansatz relevant sein, nämlich, wenn man sich über neuere Kommunikationstools wie E-Mails oder Newsletter an die Kunden wenden will. Während insbesondere viele Versicherungen heute noch aufwändige Hochglanzprospekte und Informationsbroschüren an ihre Kunden versenden, die dann häufig ungelesen im Papierkorb verschwinden oder trotz Interesse keine Reaktion des Empfängers hervorrufen, gelangen andere Unternehmen mit dem Kommunikationskanal E-Mail-Marketing zu hohen Responseraten und detaillierten Messungen über das Kundenverhalten sowie zu profilierten Informationen über die Kunden.

Media-Agenturen

Ein weiterer, nicht zu vernachlässigender Faktor, im Hinblick auf effiziente Nutzung der Marketinggelder, sind Tendenzen im Media-Bereich, die einer unabhängigen, medienübergreifenden und damit effizienzsteigernden Beratung der Kunden durch ihre Media-Agenturen entgegenwirken.

Inzwischen verdienen Media-Agenturen nicht mehr etwa 15 % Agentur-Provision für ihre Optimierungs- und Vermittlungsleistung, sondern nur noch etwa 2 bis 3 %. Diese Entwicklung führt zu Löchern in den Agenturkassen.

Aufgrund der aktuellen Situation der Medien im Hinblick auf stark sinkende Mediaeinnahmen von Unternehmen, versuchen diese, die Media-Agenturen mit Köder-Geld-Leistungen (welche direkt in die Agenturkasse fließen) dazu zu bewegen, in die Media-Pläne der vielen Kunden einer Agentur zu kommen, mit dem Ziel, evtl. auch den einen oder anderen Medienkonkurrenten herauszudrängen. Es stellt sich die Frage, inwieweit eine Agentur, die durch Berücksichtigung solcher Medien knallharte Vorteile erwirtschaftet, noch eine objektive Beratung im Hinblick auf eine optimale Streuung eines Kunden-Mediabudgets durchführt. Auch derartige Tendenzen sind zu berücksichtigen, wenn eine optimale Allokation der Marketingaufwendungen erzielt werden soll. [(2)](#)

Weitere Einflüsse

Zu beachten ist aber auch, dass in den vergangenen zwei Jahren die Kosten für Medialeistungen drastisch gesunken sind, sodass Controller aufgrund von Packages oder reichweitenorientiertem Media-Einkauf ruhig gestellt werden könnten. Im Hinblick auf eine gute Effizienz ist aber nicht nur der definierte Tausend-Kontakte-Preis zu berücksichtigen, sondern insbesondere auch eine attraktive Platzierung; ein Faktor, der bei Effizienz-Messungen häufig nicht einberechnet wird. Hier könnten kampagnenbegleitende Tools wie "Modelling" helfen, die nicht nur die Medialeistung, sondern auch den Markterfolg messen. (3)

Auch die Agenturen erkennen, dass sie sich mit einem verstärkten Controlling auseinander setzen müssen. Nachdem die großen Netzwerkagenturen in diesem Bereich eine Vorreiterrolle spielten, installieren Agenturen mit mindestens 60 Mitarbeitern inzwischen auch zunehmend Controller in ihren Reihen, um Einsparpotenziale z. B. in Prozessen mithilfe dieser Spezialisten besser ausmachen zu können. Sie müssen schon bei der Gestaltung der Verträge darauf achten, dass in einem Angebot der Leistungsumfang exakt definiert wird. (4)

Wie kann man "weiche" Faktoren quantifizieren?

Ein großer Irrtum ist die quantitative Orientierung des Marketings in Deutschland, gemäß dem kontinuierlich Faktoren wie Marktanteile oder Käuferreichweiten gemessen werden und die

Grundlage für die Erfolgsprämien der Mitarbeiter und das Controlling der Finanzleute bilden. Die psychologischen Stärken einer Marke, also qualitative Faktoren, werden in diesen Betrachtungen gänzlich ausgeklammert. Dabei ist der sogenannte "Share of Soul", also die Summe aller Eindrücke oder der subjektive Wert, den ein Verbraucher einer Marke zuschreibt, der Treiber für Marktanteil und Umsatz. Zu beachten ist hierbei aber insbesondere, dass nicht die Höhe des Werbebudgets, sondern die Qualität des kreativen Auftritts über Markenpräferenzen entscheiden. (5)

Auch in der Werbebranche setzt sich zunehmend das Bewusstsein durch, dass kommunikative Aktivitäten nicht alleine mit der erfolgreichen Unterstützung des Verkaufs gemessen werden sollen, was eine effektive Werbung aufzeigen würde. Vielmehr gilt es, das Augenmerk auf effiziente Kampagnen zu richten, die trotz stagnierender oder sinkender Budgets den Absatz und Gewinn ausbauen oder zumindest konstant halten. Um derartige effiziente Kampagnen zu prämieren, verleiht die deutsche Werbebranche seit 21 Jahren den Werbe-Effie.

Die Werbebranche geht häufig davon aus, dass mehr Effizienz im marketingkommunikativen Umfeld alleine durch mehr Kreativität erreicht werden kann. Ebenso wird horizontal und vertikal vernetzter

Kommunikation ein hohes effizienzsteigerndes Potenzial vorausgesagt; allerdings müssten sich hierzu andere Organisationsstrukturen in Unternehmen und Agenturen etablieren, die größere Verantwortungsbereiche und abteilungsübergreifende Teams installieren. Dieser Ansatz kann Prozesse optimieren, Reibungsverluste abbauen und die Marketingabteilungen straffen, ohne den Output zu verringern.

Auch die Preispolitik als ein Teil im Marketing Mix kann einem Performance-Audit unterzogen werden

Die Marketing-Tools und damit das Potenzial zu Effizienzverbesserungen besteht nicht nur aus kommunikativen Aktivitäten, sondern unter anderem auch aus preislichen Instrumenten. Während die Spielräume im Bereich der Kostenreduktionen in Unternehmen aufgrund jahrelang kontinuierlich verfolgter Kostensenkungen durch z. B. Prozessoptimierungen oder Einkaufsbemühungen bei Lieferanten, nahezu ausgeschöpft sind, muss sich das Management intensiver um die Erlösseite kümmern.

Während Kostensenkungsmaßnahmen wie z. B. Entlassungen i. d. R. nur zeitverzögert wirken, schlagen sich Margenverbesserungen umgehend auf den Ertrag durch; i. d. R. ohne teure Vorabinvestitionen.

Allerdings erfordert ein erfolgreiches Drehen an der Preisschraube mehr, als nur querbeet alle Preise um einen bestimmten Prozentsatz anzuheben. Vielmehr müssen die Pricing-Prozesse völlig neu strukturiert werden. Im Bereich der Wertlieferung an den Kunden sind die deutschen Unternehmen gut. Das Problem besteht in dem Ernten des angemessenen Gegenwertes (Value Extraction). Selbst innovative und marktführende Unternehmen mit einer optimalen Kostenstruktur erwirtschaften häufig nur Renditen von 1 bis 2 %.

Eine Neuausrichtung der Pricing-Prozesse in einem Unternehmen erfordert die Einführung eines systematischen Prozesses der Value Extraction. Dazu muss man nicht nur die Wertentstehung bei den unmittelbaren Kunden verstehen, sondern die Wertprozesse in der gesamten Wertschöpfungskette. Diese Pricing-Prozesse sind umso entscheidender, je mehr Produkte ein Unternehmen hat, oder es die Preise für seine Produkte in jeder Transaktion spezifisch festlegt. In diesen Fällen kann nicht viel Zeit auf die einzelnen Preisentscheidungen verwandt werden, sondern es werden genau definierte Prozesse benötigt, um eine optimale Value Extraction zu ermöglichen.

Fallbeispiele

Die Effie-Jury, die jährlich ihren Preis für effiziente Werbung verleiht, hat den goldenen Effie 2002 an Audi und die betreuende Agentur Saatchi&Saatchi für den TV-Spot "The Fan" (besser bekannt als "Wackel-Elvis") verliehen. Audi investiert deutlich weniger in Werbung als die Konkurrenz der Autohersteller im Premiumsegment; so wendet Mercedes-Benz fast 8,7 Mio. Euro für die Realisierung von einem Prozent Werbeerinnerung auf; BMW gibt dafür 6,7 Mio. Euro, Audi nur rund 5,7 Mio. Euro aus. Trotzdem konnte Audi unter den Premiumherstellern den höchsten Zuwachs in Sachen Neuzulassungen verzeichnen. Der Elvis-Spot hat Audi gegenüber der Konkurrenz in den Dimensionen Prestige, Markenpersönlichkeit und fortschrittliche Technologie deutlich zulegen lassen. Nach Abschluss der Kampagne haben 86 % der befragten Konsumenten ausgesagt "Ich mag die Marke", wohingegen ein Jahr zuvor erst 83 % diese Aussage tätigten.

Einen silbernen Effie erhielt Rotkäppchen-Sekt, eine Marke, der es mit der Kampagne "Phantasie aus 1000 Perlen" gelang, die Marktführerschaft im Osten auszuweiten und im Westen den Marktanteil deutlich zu steigern. (Bundesweit Marktanteil 14,9 % im Juli 2002 nach 10,2 % in 1999; im Westen 3,4 % im März 2002 nach 1,7 % in 1999). Zu beachten ist ferner, dass der Mengenzuwachs nicht mit Preisverfall erkauft wurde. Um Markenstärke zu demonstrieren, wurden die Preise sogar angehoben, darüber hinaus wurde die Markenbekanntheit im gesamten Bundesgebiet von 79 auf 84 % erhöht. (9)

Der Erfolg oder Misserfolg einer Marke ist für viele Unternehmen in B-to-B-Branchen eher eine Glaubens- als eine Wissenssache. Einer Studie des Agenturnetzwerkes BBN zufolge, in der 50 Marketingchefs von führenden weltweiten B-to-B-Unternehmen (36 % Umsatz über 160 Mio. Euro, 31 % Umsatz zwischen 80 und 160 Mio. Euro, 33 % Umsatz zwischen 40 und 79 Mio. Euro) nach Erwartungen und Voraussetzungen hinsichtlich ihrer internationalen Markenpositionierung und ihrer Agenturpartner befragt wurden, ergab, dass 37 % der Unternehmen keine Messung ihrer Markenperformance durchführen, da sie gar nicht so genau wissen möchten, wo es mit der Marke hingeht, um nicht erkennen zu müssen, dass der Weg u. U.

falsch ist.

Ebenfalls 37 % der Befragten halten die Umsatzzahlen ihres Unternehmens als Indikator für die Bewertung ihres Markenprofits für ausreichend. Eine Folge aus dieser Umsatzorientierung ist, dass zunächst die Werbebudgets gekürzt werden, wenn der Umsatz zurückgeht.

Der niedrige Stellenwert der Kommunikation als markengestaltendes Tool drückt sich auch darin aus, dass fast die Hälfte der befragten Marketingchefs die Produkt- und Servicequalität für den wichtigsten Faktor einer internationalen B-to-B-Brand halten. Erst auf den Plätzen 2 und 3 folgen die Faktoren Ruf und Awareness. Innerhalb vom Marketingmix fokussieren sich die meisten der befragten Unternehmen auf die Tools PR, Event und E-Dialog. Beraten lassen sich 64 % der Unternehmen von ungebundenen, unabhängigen Agenturen, 29 % bedienen sich eines multinationalen Netzwerkes und 7 % nutzen ein unabhängiges Netzwerk. Die schlechte Stellung von unabhängigen Netzwerken wird insbesondere damit begründet, dass der lose Zusammenschluss, dem eine einheitliche Strategie und aufeinander abgestimmte Tools fehlen, bemängelt wird. (6)

Kraft Foods Deutschland hat sich entschlossen, die Effizienz seiner Marketingkommunikation durch ein aus der Markenwelt heraus entwickeltes Content-

Feld im TV zu erhöhen. Im Markenkern des Kaffeeprodukts "Krönung light" ist der Aspekt "Selbstverwirklichung" herausgenommen worden und in ein bestehendes TV-Format, nämlich die Pro7-Sendung "Sam", integriert worden. Durch visuelle (Farbcode) und auditive (Erkennungsmelodie) Ankerpunkte wird die Corporate Identity der Marke aufgenommen und subtil, soweit es das Mediengesetz zulässt, in dem Teil "Das bin ich" dieser Sendung integriert. (10)

Nestle greift zu neuen Vergütungsformen für Agenturen, indem diese nicht mehr mit einer Monatspauschale, sondern rein nach Aufwand bezahlt werden. Boni werden nur noch bei nachweisbarem Erfolg einer Kampagne geleistet. Nivea und Red Bull versuchen, ihre marketingkommunikativen Tätigkeiten verstärkt Inhouse zu entwickeln. Nivea geht davon aus, dass eine minutiöse Inhouse-Vorbereitung einer Kampagne deren Effizienz wesentlich steigern kann; Red Bull entwickelt, realisiert und betreut nahezu sämtliche derartigen Aktivitäten in der eigenen Company. (3)

Der HDI erzielt mit seinem an B2B-Kunden addressierten Newsletter regelmäßige Öffnungsraten von 40 % und Responseraten von 20 %. Dahingegen offerieren z. B. in der Versicherungsbranche in

Deutschland nur 14 % der Unternehmen einen Newsletter-Service. Der ADAC konnte seine Kundenakquisitionskosten (CPO) durch den Einsatz von E-Mail-Marketing um die Hälfte reduzieren. Benchmark zur Ermittlung dieser Kosten waren die sonst üblichen Kosten für postalische Mailings. Es wird geschätzt, dass aufgrund eingesparter Versandkosten im Verlauf weiterer Werbemaßnahmen auch Kostenreduktionen im Bereich von 70 % realisiert werden könnten. Variable Kosten steigen nur unwesentlich bei einer höheren Versandmenge. (7)

Eine bessere Bereitstellung von relevanten Informationen, sowie die Fokussierung des Pricings auf kritische Objekte durch eine Automatik half einem Unternehmen des Personenverkehrs, seine Umsatzrendite um 1,6 Prozentpunkte zu steigern. Bevor die Pricing Prozesse optimiert wurden, musste der verantwortliche Produktmanager innerhalb von acht Arbeitstagen mehr als eine Million Preisentscheidungen (also eine je 3,3 Sekunden) treffen. (8)

Ein Rohstoffhersteller sah sich einem stark schwankenden Preisprozess gegenüber, der durch Angebot und Nachfrage am Markt bestimmt wurde. Probleme bestanden darin, dass bei steigenden oder sinkenden Preistrends die jeweilige Anpassung zu schnell erfolgte. Durch zuverlässigere Prognosetools über Preisbewegungen und entsprechend schneller antizipierter Preisanpassungen konnte die Umsatzrendite um knapp einen Prozentpunkt gesteigert werden. (8)

Die durchschnittliche Umsatzrendite deutscher Großunternehmen nach Steuern liegt bei 2,1 %. Eine gelungene Erhöhung der Preise nur um 1 % würde eine Verbesserung der Umsatzrendite um 47,6 % bedeuten. (8)

Weiterführende Literatur

(1) Kanalübergreifendes Kampagnenmanagement
Kunden zielorientiert ansprechen
aus Die SparkassenZeitung, 18.10.2002, Nr. 42, S. 11

(2) Riedel, Hergen, Herrscher über Werbegelder, Welt am Sonntag, 27.10.2002, Nr. 43, S. 42
aus Die SparkassenZeitung, 18.10.2002, Nr. 42, S. 11

(3) Ein Evergreen wird zum Hit
aus werben & verkaufen Nr. 43 vom 25.10.2002 Seite 027

(4) Controller gegen den Kostendruck
aus HORIZONT 41 vom 10.10.2002 Seite 029

(5) Ein Plädoyer für Lebensqualität

aus werben & verkaufen Nr. 45 vom 08.11.2002 Seite 090

(6) Nebulöse Vorstellung von der Marke
aus HORIZONT 42 vom 17.10.2002 Seite 030

(7) Gut beraten mit E-Mail-Marketing
aus Versicherungswirtschaft, 15.10.2002, 57.Jg., Nr. 20, S. 1599

(8) Ertragssteigerung - eine zuwenig genutzte Chance
aus Frankfurter Allgemeine Zeitung, 28.10.2002, Nr. 250, S. 28

(9) Kreation punktet
aus HorizontMagazin special 02 vom 31.10.2002 Seite 016

(10) Tanz ums Goldene Kalb namens Effizienz
aus HORIZONT 42 vom 17.10.2002 Seite 022

Impressum

Effizienzcheck im Marketing

Bibliografische Information der deutschen Nationalbibliothek

Die Deutsche Nationalbibliothek verzeichnet diese Publikation in der deutschen Nationalbibliografie; detaillierte bibliografische Daten sind im Internet über http://dnb.d-nb.de abrufbar.

ISBN: 978-3-7379-0687-6

© 2015 GBI-Genios Deutsche Wirtschaftsdatenbank GmbH, Freischützstraße 96, 81927 München, www.genios.de

Alle Rechte vorbehalten. Dieses Werk ist einschließlich aller seiner Teile – z.B. Texte, Tabellen und Grafiken - urheberrechtlich geschützt. Jede Verwertung außerhalb der Grenzen des Urheberrechtsgesetzes bedarf der vorherigen Zustimmung des Verlags. Dies gilt insbesondere auch für auszugsweise Nachdrucke, fotomechanische Vervielfältigungen (Fotokopie/Mikroskopie), Übersetzungen, Auswertungen durch Datenbanken oder ähnliche Einrichtungen und die Einspeicherung und Verarbeitung in elektronischen Systemen.